AF436892

TRANSFIGURACIONES

(antología poética 2002-2021)

Editorial Primigenios

TRANSFIGURACIONES

(antología poética 2002-2021)

PAULA EINÖDER

EDITORIAL PRIMIGENIOS

Primera edición, Miami, 2022

ISBN: 9798360470557

Edita: René Fuentes y Eduardo R. Casanova Ealo
Miami, Florida.
Correo electrónico: editorialprimigenios@yahoo.com
Sitio web: https://editorialprimigenios.org

Edición y maquetación: Eduardo René Casanova Ealo

Quedan aquí reunidos los poemas que, de mutuo acuerdo, la poeta y yo disfrutamos más al seleccionarlos en sucesivas reuniones de un extremo a otro de las mismas distancias: Múnich-Montevideo, madrugada-noche, la necesidad de la poesía-todos los olvidos.

Veinte años hace desde que Paula Einöder publicó su primer poemario en 2002, y hasta hoy sumó cuatro más; cada uno con propiedades y rasgos muy suyos, de su voz, de su castellano seco y de sus versos rotundos y precisos.

Paula va al poema como a un concierto de rock and roll. Luego lo escribe, cada vez más, lo escribe mientras ella se escribe y va dejando en el camino adornos retóricos, puntuación, mayúsculas, formas estróficas convencionales... En fin, Paula va al poema como despojándose, cada vez más, de lo que podríamos esperar de sus poemas y de ella.

Así también podría leerse este libro de sus libros. ***Transfiguraciones*** es como un modo muy personal de vestirse y escribirse, también de desnudarse y nombrarse. De todas las combinaciones posibles, fluye la misma voz: Paula Einöder, nacida alguna vez en Montevideo, Juana de Arco en una serie de sus mejores poemas y siempre una poeta muy singular.

Uruguaya, sí. Pero, desde la lejana Alemania, ella escribe como amigando en carne propia la contundencia de otra Inge Müller y el lirismo de otro Hölderlin.

RENÉ FUENTES
Montevideo, octubre de 2022

LA ESCRITURA DE ARCILLA

(2002)

Con una flor en la boca

Entre las obras enviadas a la última edición del Premio Nacional de Literatura, convocado por el Ministerio de Educación y Cultura, llamó la atención del jurado un libro de título certero y enigmático. Entre más de cien obras **La escritura de arcilla** de Paula Einöder obtuvo una de las menciones especiales, valorándose en la oportunidad, la seguridad en el manejo del lenguaje y la coherencia del conjunto del poemario.

Releyendo una y otra vez el libro, ahora sin la premura de una competencia, surgen nuevas certezas respecto a la ubicación de esta obra entre lo más interesante de la nueva poesía que se está escribiendo en Uruguay en la actualidad.

Si bien este es el primer libro que publica Einöder, la tersura de su escritura, el manejo impecable del lenguaje poético, el conocimiento de esa tensión en la escritura que hace que un texto sea un poema y otro no, delatan una larga convivencia con esa forma artística que se conoce como poesía. Si esto último no fuera cierto, no podría haber escrito "Rachmaninov", un texto donde se mezclan varios planos en la escritura, varias perspectivas y que la poeta logra controlarlas, logrando uno de los más bellos poemas del volumen.

La afirmación de que escribirá *sin propósitos y sin esquemas*, según anuncia en el primer poema del libro ("La escritura de arcilla") resulta falso en un cincuenta por ciento y verdadero en la otra mitad. La poeta escribe sin esquemas, es cierto, pero con un claro propósito desde el primero al último verso del libro: construir una poética personal, escribir desde un sitio y un lenguaje inequívocos.

Cada texto avanza sobre ese propósito. A medida que se pasan las páginas del poemario se ingresa siempre en nuevos territorios de la poesía y de la vida. *Nadie podrá reprocharme que no haya unido / la palabra con la arcilla, la tinta con la sangre*, anuncia la poeta con decisión. O muestra en carne viva la debilidad ante la página inmaculada: *No sé cómo entrar en el poema / o salir de este afuera*, dice, confiesa, sin olvidarse del rincón donde *un jazmín / es siempre una novia a punto de arrodillarse.*

La construcción de la poesía, la reflexión sobre el acto de la creación, la relación sutil entre la vida y la poesía hacen de **La escritura de arcilla** un libro singular y bastante extraño en el panorama de la nueva poesía escrita por mujeres en Uruguay. No sólo porque nos permite descubrir a una verdadera poeta, con sólido oficio y variados recursos para manejarse con el delicado asunto de unir palabras y construir ese otro mundo que está en este, como escribió Paul Éluard, sino porque su primera producción incursiona en terrenos poco frecuentados por la poesía uruguaya.

Así en el estupendo texto con que cierra el libro ("Durmiendo con el poema"), Einöder arriesga más, al escribir como en una cinta de Moebius, acerca de lo que vendrá. O lo que habrá de venir en su escritura y en la relación de la propia poeta con lo escrito: *El siguiente verso. Cuando venga. / Lo esperaré boquiabierta. De poros abiertos. (...) Lo esperaré vestida de negro. / Y luego me desvestiré / de a una prenda por vez / para que vea cuánto lo quiero. / Cuando venga. (...) Pero yo estaré desvestida hasta que me desnude.*

Es probable, y a juzgar por la performance lograda en este libro, no sólo que la poeta espere el nuevo verso *con una flor en la boca*, sino que la poesía esperará a Paula Einöder, como en un espejo cómplice, de idéntica manera.

ELDER SILVA, MONTEVIDEO, 2001

La escritura de arcilla

Escribiré sin motivo y sin consideraciones.
Agarraré cada palabra bizca y deshecha
y la haré de arcilla.
La pasaré por el fuego. Le daré aliento.
Cada palabra será un hombre.
Poblaré la tierra de palabras.
Llenaré páginas de hombres.
Habrá arcilla en vez de tinta.
Escribiré sin volumen. Me cegaré.
No voy a pisar ninguna palabra.
Serán mi bastón.
No voy a buscar al hombre. Porque un hombre
está hecho de texto.
Está tejido de demasiadas palabras.
No voy a buscar al poema. Porque un poema
está hecho de carne.
Está compuesto por demasiados
tejidos y músculos y nervios.
Escribiré sin propósito y sin esquemas.
Nadie podrá reprocharme que no haya unido
la palabra con la arcilla, la tinta con la sangre.
Además mi falta de originalidad es buscada.
Lo novedoso y el olvido son lo mismo.
Pero mi poema está escrito.
De eso trata el asunto.

TEOREMA DE LA RAMA

Colgados de las ramas como dos simios absurdos.
Tú en mi rama y yo en la tuya.
Una sola rama y dos simios solos.

RACHMANINOV

(Se recomienda leerlo mientras se escucha el Concierto
para piano N.º2, en do menor, opus 18, de Rachmaninov.)

Rachmaninov
concierto para piano número dos
en do menor opus 18 perdí el mes de junio
en la agenda no aparece y llora el piano
el primer piano del concierto para piano número dos
y suena el segundo piano en la cabeza de Rachmaninov
llora la lluvia junto al primer piano
y se mezclan los dos pianos del segundo concierto
para piano de Rachmaninov en la cabeza de Rachmaninov
llora la lluvia y el piano y la cabeza
todo se llueve por segunda vez
no aparece el mes de junio en mi agenda
un error de imprenta, un olvido
una omisión que no trae disculpas
perdí el mes de junio y me perdí
en la cabeza del concierto
me entreveré en los dos pianos
que suenan a contrapunto en la cabeza de Rachmaninov
en un dúo a tecla dura
ya no se distinguen los dos pianos
quizás sean el mismo
pero no se puede descifrar
no existe más de una cabeza
el piano a penas afloja sus músculos
un pájaro se golpea sin querer contra mi ventana
cabeza de pájaro
cabeza de piano
no existe el mes de junio en mi agenda
eso me tiene preocupada

un descuido de la impresión
y estoy impresionada
empecinada en recuperar a junio
mientras escucho el concierto para piano
número dos de Rachmaninov
y me imagino el concierto para piano número dos
en la cabeza de Rachmaninov
conversando con el posible concierto número dos
para piano en un diálogo entre lo posible
y lo que finalmente se escribe
me acuerdo que perdí al mes de junio sin haberlo perdido
que falta un mes en mi vida por una desmemoria
busco una solución a este problema
y escucho cómo se llueve
el concierto número dos para piano
cómo me moja de toda preocupación
cómo el diálogo se vuelve asunto de tres.

TRANSFIGURACIÓN

Desgajo la flor profunda y en sus comisuras
encuentro el beso del insecto púrpura
encadenado a la ley del ala.
Aquí no existen relojes ni cuentagotas.
El redondel es la luna
y el agujero materno
El despiste es general
y el deleite se deja amasar
hasta un tamaño nada adecuado.
La boca de la fruta madura cuando explota
contra la tierra y el pájaro solo vuela
cuando escucha su vuelo interior
El verde se trasnocha en las ramas de los árboles
y hay un baile desconcertado
entre la hierba y el viento.
El misterio se hizo savia en las venas
de ciertas plantas y las mariposas
son ángeles de colores.

ELLAS

Crecen dentro de las uvas
y usan hojas de parra para no provocar vergüenza.
Son polimorfas e inadecuadas
y se pasean entre los tallos de las flores
con la naturalidad de las princesas.
Huelen a jazmín sublimado
y beben vino cuando celebran al dios Baco.
Son dispersas por su capacidad
de desmaterializarse en el aire
pero vuelven a ser visibles
cuando sienten la piel de un hombre cerca.
Se abren en su bulbo
y permiten que las sobrevuele el insecto.
Dejan que sus pies sean huella de una fruta-metafísica.
Su versatilidad les permite volar con altitud de aeroplano
si las persigue una hormiga feroz.
Y son desmesuradas en sus tamaños corporales
cuando van a desflorar a su presa
y la aplastan con el peso de su pasión sin medida.

De aires enhebrados

Es suave la brisa tejida de aire invisible
(pero se desteje el aire de suaves hebras y vapores leves).
Y busco lo mismo.
No he dejado de buscar.
Pero siempre busco lo mismo.
No tiene sentido si nuestra búsqueda cambia.
El punto clave es la suave brisa tejida de aire
(pero se desteje el aire y la brisa se disuelve en vapores suaves).
Y busco lo mismo, en una búsqueda de ojos cerrados.
Porque quien abre los ojos en la oscuridad
no puede dormir la felicidad del sueño
y no sentirá la suave brisa enhebrada de aire invisible
(pero en vapores leves se desteje perpetuamente).
Y yo busco y busco.
Siempre la misma búsqueda.
(La misma brisa suave, aterciopelada, de aires enhebrados.)

REGIÓN DE LO INMEDIATO

Escribir y escribir, dar hachazos
al árbol primitivo, a la madera
primigenia, ser un ebanista
medieval, un monje
de monasterio, un meister
de la pluma, un escriba
del templo, un ermitaño
del grafito, talar firme al árbol
hecho hoja, al papiro egipcio
al pergamino de la antigüedad
al Gutenberg moderno
y todo por esa luz al fondo del túnel
por cegarnos con la divinidad inmaterial
a través de la materia
del árbol primitivo, de la madera primigenia
y transformar la nada en un huevo fabergé, escribir
y reescribir ahora comprendo, leer y
releer, ahora me interno y ser la
pausa luego del hacha, el silencio
luego del parloteo, fijar la vista
en el cielo de la escarcha, amar
esas flores amarillas que descongestionan
los sentidos, y volver al punto de
partida para partir el árbol primitivo
la madera primigenia, para crear el
sig-oto-el otro-sig-no-el ver-bo-el-as-ombro
para apoyarte luego del escombro
en el árbol primitivo, en la madera
primigenia y obtener sombra luego de
arder en la caldera que chifla y resuena
campana del jorobado de Notre Dame
y ser el trovador que busca al trovador

que rasca el árbol y encuentra el HUEVO
perfecto dentro de la savia caliente
y las barbas de la corteza:
el huevo que late
el latido que le da
la singularidad
a lo inmediato.

YOU DON'T KNOW WHAT LOVE IS

Dame un poco de tu infierno
de tu máquina rota
de tu trayecto rasurado.
Es la hora del quiebre.
Justo cuando los relojes se desmoronan
y se ablandan las percepciones.
No es este el sitio de la penumbra.
Por eso quiero un poco de tu infierno
de tu fiebre bochornosa
de tu delirio trasplantado.
Es el espacio de la náusea
Justo cuando las bocas se preparan para evacuar
un striptease del alma.
No hay tiempo, dices
no hay tiempo para aflojar los calambres
para desintoxicar la piel de las toxinas del aire.
Pero quiero un poco de tu infierno
porque quiero sentir el veneno.
Quiero palpar tus sudores nocturnos
tus filamentos delicados.
Quiero escuchar a la mosca cuando se convierte
en un trozo de tus sueños.
Estoy proyectando mi mareo en tu pantalla desnuda.
Estoy depilando mi vientre de monstruos y libros.
Estoy al tanto de que el invierno es fatigoso.
Por eso quiero un poco de tu infierno.
Dame tus noches emancipadas
tus colchas con lunas de incienso.
Te doy mi ombligo por un poco de tu fuego.
Escucho tus bailes a través de mi espejo
y me preparo para la barbarie de tu imagen.
Por eso dame un poco de tu infierno

porque estoy perdida en este paraíso inventado
en estas calamidades asépticas.
Quiero tus altas temperaturas
tus enzimas reventando por el calor.
Sí, dame un poco de tu infierno.
Quiero palpar la irreverencia de tu reino
tus espejos-esperpentos
los tormentos de tu tormenta
tu sinceridad descarada
tu cáscara de existencia
es decir
quiero un poco de tu infierno.

La entrada

No sé cómo entrar en el poema o salir de este afuera
donde me engancho las pestañas
con la carne violeta de las glicinas
que se apuran a tostar su clorofila
con un sol verde demasiado caliente
para un mamífero que perdió el pelo de las cavernas
pero nunca dejó la caverna de sus huesos.
Es así como voy perlándome
con las hojas de los árboles gigantes
y no me olvido del rincón donde un jazmín
es siempre una novia a punto de arrodillarse.
Y veo los caracoles deslizarse
—mensajeros de la liquidez del tiempo—
que hablan de un mar terrestre
perdido en el abismo de los espejos.
Y cuento los azahares de mis naranjos
o los imagino blancos y de espuma
hasta desembocar en una fruta
con todos los vértices del mar.

En los campos de zenit
me iré tambaleando
por los bosques de flores y acuarelas
con el impulso mágico
que duerme en el ala del insecto.
Me confundiré entre los tallos
como un infante con antenas.
Abriré tanto mi boca
que beberé todo el polen de las estrellas
y yo solo alargaré mi ala
para abrazar al insecto-macho
que me llevará a mi triángulo de reina.

El siguiente verso. Cuando venga.
Lo esperaré boquiabierta. De poros abiertos.
Dejaré la llave y la puerta estará abierta.
Cuando venga. El siguiente verso.
Lo esperaré vestida de negro.
Y luego me desvestiré
una prenda por vez
para que vea cuánto lo quiero. Cuando venga.
Estaré desvestida. Dicen desnuda. Pero no es igual.
Estar desvestida no es lo mismo. Estar desnuda tiene más pureza.
Pero yo estaré desvestida hasta que me desnude.
Cuando venga. Lo estaré esperando.
Al próximo verso. Al siguiente. Cuando venga.
Estaré con una flor en la boca.
Seré decidida pero no voy a complacer
porque esto es compartido.
El siguiente verso vendrá solo.
Pero cuando venga,
no tendrá más remedio que meterse en mi cama
y dormir en mi pecho.
Y le susurraré el verdadero poema.
Cuando venga.

ÁRBOL EXPERIMENTAL

(2004)

ÁRBOL-RETRATO

Te voy a presentar mi árbol.
No soy una anfitriona natural
pero lo intento para que no te choques
con el tronco de las circunstancias.
Las raíces de mi árbol son doradas
enredadas y con arabescos subterráneos.
Sus ramas son fragmentos de una pasión lunar
pero su verdad está en su savia, sonora y sana.
Digo, esto no es un árbol.
No tiene sentido describir un árbol
porque solo sé presentarte al mío.
Tú buscas un desarrollo adecuado
una normalidad narcotizante
un opio metafórico.
Yo solo voy a darte mi árbol
de tronco fluvial y raíces trashumantes.
Pero no me pidas una respuesta.
Solo te entrego este retrato inconcluso
de mi árbol
eternamente desdibujado.

DIARIO DE UNA DESPREVENIDA

Diario de una desprevenida que vino pero no supo llegar
Estaba, estuve cerca de un río-mar
de una espuma que saciaba y no saciaba mi sed
en una jungla, en un bosque, estuve, estaba.
Busqué un goce visceral
verdad-eros-espasmos de una apertura
a un lenguaje-no lenguaje más cerca de la música
del espacio y de la luz, buceé un fondo ciego
y estuve desprovista de un empuje que me salve.
Estoy desprevenida, prevenida, venida, ida.
Diariamente.

PHYSIS

Me voy rodeando de tallos enormes, verdes-quiero.
Las raíces del suelo se escapan para decirme
sus subterráneos anhelos.
Yo apoyo mi cuerpo contra la tierra para que los gusanos
devoren mi estructura porosa y compartimentada.
Les pido a los insectos menos culpa para enfrentarme
y me cae un rocío abierto sobre el cuerpo
—es una lluvia de significados—.
Toco los pétalos gigantes, de seda al tacto
y quiero derretirme mientras giro y giro
en esta celebración del encuentro.

TALLOS

Tienen tierra
no están limpios
vienen de abajo
de un subterráneo mundo
que puedo ver cuando menos lo espero.
Sus ramificaciones subterráneas
laten suaves como el canto
de un ave magna al amanecer
es casi un murmullo dulce y claro
como el cielo antes de abrirse
pero no son raíces de lo que hablo.
Cómo dejar de lado la materialidad viva
de sus pétalos
la carne que bulle de su centro
su polen cuasi visceral.
Tengo que dejar la tierra a un lado
tengo que encargarme de la corporeidad candente
que mis manos pueden tocar.
No son raíces de lo que hablo.
Cómo dejar de ver la materialidad de su tallo
erguido y fuerte
sus hojas dispuestas
para ser aplastadas por un insecto voraz.
Hay un mundo allá arriba
hacia allí voy
con tierra en mis bolsillos
y una semilla para plantar.

RAÍCES

La escritura solo vive en un país subterráneo.
Digo, me has visto antes.
Pero digo, que lloro porque quiero tocar fondo
y cuando toco fondo me gusta sentir
que navego por mares de tierra
y que el polvo que me cubre es una huella de mi respiración.
Por eso yo vivo aquí
donde el agua necesita bajar hondo
donde los capilares disminuyen su espesor
solo para consolarme
donde transpirar es darle lugar a que crezca un brote
donde transmirar es mirar más allá
o que me mires ahora como no me habías visto antes.

DE-VERDE

Hay un sonido verde que está muy alto.
Digo: bajen el volumen de esta vegetación
apaguen a este vegetal engrandecido.
No comprendo mucho
pero escucho el grito desde las alturas de la clorofila
y me hundo en raíces para no escucharlo.
Pero yo misma broto, desbordo mi adentro hacia afuera
y mi piel tiene pegada un grito verde.

Poema roto

Le quito páginas al río
y cuando digo río
escucho a los pájaros agolparse en los ramajes viscerales
para por fin desmenuzarse en el cielo disuelto.
No. Le arranco páginas al río.
Quiero decir, intento lo que no se puede.
Detener al río no se puede
no se puede quitar todas las hojas al río
detener lo escrito en el agua.
Pero le quito las páginas al río.
Me defino por eso. Y lo hago
atravieso una penumbra. Pero el río es una máquina feliz.
Existe aparte de mí. No me espera ni se inmuta
y yo escribo sola.
No digo –ahogada– pero pienso que el río
escribe versiones que luego desleo
sintiendo mi problema de enfoque.
Igual, las páginas se escriben solas
y yo estoy sola cuando escribo
e intento quitarle páginas al río.

ALTURAS

No puedo escribir sin destruir
un poema que es un árbol
lo es porque antes sorbió con creces
las raíces de un poema anterior
y lo dejó petrificado y esquelético.
El poema nuevo, en cambio
se puso robusto y en flor.
Yo estoy aquí
En esta batalla
de sangre –tinta–
de boca –papel–
de hacha –borrar–.
Y estoy dispuesta a matar
sin piedad si logro con ello
mi único objetivo
–lo que yo deseo–
hincarle el diente al fruto
más jugoso y maduro
en la punta del árbol.

Temperatura

El bochorno se cae de las hojas
que se llenan de agua y reverdecen.
La humedad aumenta y el vapor es de sueño.
Estamos aquí, entre árboles.
Escucha este rumor susurrante que se agacha
ante el silencio de tus manos.
Hace un calor de río en caldera
nadie sabe de hornallas aquí.
Pero los árboles crecen con altitud desmedida
no se preocupan por los insectos sobre la tierra
y yo pienso en quedarme borracha
apoyada contra el piso respirando con los árboles
en esta fiebre telúrica.

SIMBIOSIS

Tengo el hambre del animal que dejó la jaula
por el bosque de las flores instantáneas
y me pre-siento.
Voy con pasos blandos y no dejo de pensar
en el bocado siguiente.
Estoy distante de los barrotes
—por cierto, nada barrocos—
y en esta maleza tengo el mal del estómago que piensa.
Cuando mis tripas gritan no me puedo tapar las orejas
No puedo bailar si estoy pensando.
La tribu se aleja.
Tengo fuego en las entrañas que entrañan penas
verdaderas y aunque no tengo tango tengo tierra
y quiero pisar porque así no pienso
en mi estómago salvaje que piensa.
Soy un animal sin ángulo
con pelo vegetal y uñas minerales.
Nací torcida.

OPACIDAD

(2010)

Frasco de vidrio

el próximo poema
que escriba estará muerto
sí, muerto desde el principio
nadie podrá inspirar su respiración
nadie le podrá insuflar vida
llevaré este feto muerto
de cuarto en cuarto
con el orgullo de un loco
aquí está mi poema
en un frasco de vidrio
listo para ser admirado

Contradicciones

está sucio en los bordes
porque ningún agua lo recorre
las anémonas se han muerto de agua
y los peces de aire
los bordes están sucios, lo sé
la razón oculta es la corteza
y el agua en los poros del árbol
la lluvia llora tu nombre
con pasmosa lentitud
yo recorro las curvas
que me llevan lejos y más lejos
de un océano a otro
sin embargo el poema
está sucio en los bordes
porque ningún agua lo recorre

Agua vacía

no hay frases
dónde está mi inconsciente
si no es un lugar
no lo voy a encontrar
si lo busco
ya escribí
ya dije
ya fui
pero volví vacía
en mi balde
hay agua vacía
meto las manos
pero las saco vacías
es un agua vacía
si tuviera peces
estarían vacíos
hasta los peces muertos rellenos
están menos vacíos
si tuviera deseos
estarían vacíos
hasta los sueños más débiles
están menos vacíos
es agua vacía
las imágenes se han destornillado
mejor ya ni las busco
porque si no es un lugar
no lo encuentro

Tejidos

los tengo presentes
debo mantenerlos unidos
cada cosa en su lugar
cada hilo en su sitio
cada tejido y su armazón
no me olvido
nomeolvides
pensamientos
pretiles
viento con viento
la textura es finalmente
lo que nos toca

Mínimos

la situación es tal
que entre la tierra y la luna
el espacio es mínimo
caemos a velocidad imaginaria
el viento es lo único que nos roza
tenemos peces enredados en el pelo
y unos insectos devorándonos
silenciosamente
ya lo había advertido
es el tiempo de acercarnos

Oscura felicidad

el primer poema que escriba
no se diferenciará del último
(tengo árboles saliendo de la cabeza
árboles en cada oreja
árboles en los pies
árboles en las cejas
tengo árboles en el ombligo
y árboles en las piernas)

el último poema que escriba
no será distinto del primero
(tengo árboles creciéndome en el cerebro
árboles en cada hueso
árboles en el estómago
árboles en las venas
tengo árboles en los nervios
y árboles en la médula)

Dulce y dolorosa espera

en donde empieza este verso
veo las encrucijadas que se han tejido
con la paciencia de Penélope
así te esperaré
amarraré mis agujas de opaco acero
dejaré mi tejido anclado
no visitaré mares lejanos
ni surcaré campos en flor
así te esperaré
destejeré y volveré a tejer el mismo sueño
si pierdo el punto
empezaré una y otra vez
hasta que el tejido tome la forma de tu rostro
y luego lo destejeré una, dos, tres
todas las veces
para que un día
inesperado
cuando regreses
tengas todo el calor acumulado en mi vientre
y me tejas y destejas
una y otra vez
una y otra vez
una y otra vez

NUDO

corro en el mismo bosque de siempre
pero jamás echo raíces
son los mismos árboles de siempre
pero jamás escribo el poema
las mismas tempestades de siempre
pero jamás deshago el nudo

ÁRBOL DE ARCO (BALADAS)

(2020)

Este poemario de Paula Einöder se inscribe dentro de su poesía de lo "vegetal", donde cobra una realidad simbólica mostrando las distintas facetas de lo humano y de la destrucción, casi siempre para la construcción. Desde lo estructural apuesta al verso corto, en su mayoría, a la rima, pero a veces la misma es sustituida por la musicalidad interna, a la construcción en estrofas, aunque también pueden apreciarse poemas que son tiradas de versos. Estas variaciones, que muestran un manejo maduro del ritmo en lírica, muestran claramente el porqué de su sentido original de composición musical, acompañado por la lira. Género que también es llamado melódico, y aunque haya perdido el acompañamiento musical, lo lleva en su ser esencial, que hace que incluso la poeta perciba sus poemas como baladas, y varios poemas se vean apropiados para canciones.

Este poemario conjuga además otro tipo de movimientos desde el contenido, la presencia de los 4 elementos de la naturaleza, en pleno diálogo simbólico para expresar tanto la armonía como el conflicto de lo vital y de lo poético. Presenciamos una división/conjunción de lo expresado adoptando tres formas: cuerpo presente, cuerpo en llamas y alma que trasciende. Esto viene anunciado ya desde los tres epígrafes que anteceden: el de Cohen, el de Quevedo y por último el de Miguel Hernández que sintetiza la propuesta, en estos versos: *cantando espero la muerte / que hay ruiseñores que cantan / encima de los fusiles.* La poeta muestra la vida de ese cuerpo a través de la metáfora del árbol, el yo lírico dice que siempre fue un árbol, a veces cobra la variante plantas o flores, pero se refiere a sí misma desde lo vegetal, que puede volverse hoguera, fundiéndose con una Juana de Arco simbólica (fusión que ya se anticipa en el título "Árbol de arco"). Ese fuego con su poder destructor y constructor hace trascender ese árbol humano: *Siempre fui un árbol /*

ahora soy la hoguera / de Juana de Arco (...) / siento / la vibración del árbol (...) / la agonía del árbol que se eleva (...) / y me quemo y me quemo y me quemo.

Árbol que necesita del agua, para calmar una sed más metafísica que física. Que es sacudido por el viento que metaforiza la palabra, el canto, la poesía, expresión del conflicto, y de la solución, y que también es el fruto de la unión de los elementos: *encuentro en el viento / todas las imágenes (...) / canto la canción del fuego (...) / de mi cuerpo en llamas (...) / la canción febril (...) / las palabras / se llenan de fuerza / el agua las nutre.*

Canto a la poesía que aparece dentro de la poesía misma, cerrando el círculo iniciado desde un cuerpo en llamas, el de Juana de Arco, que logra trascender, y simboliza a todas las creadoras que logran vencer con la palabra que nace del viento que agita las llamas: *el viento tiembla / en las raíces de los árboles / son palabras entrelazadas.*

Árbol de arco es un poemario de gran coherencia interna. Grita desde sus nervaduras el derecho de ser, de crear, sin límites impuestos desde afuera. El derecho a ser Juana de Arco, de fundirse con sus leños para servirse del fuego que construye y con el aire que lo mueve. El derecho a ser palabra creadora que trasciende: *yo soy la mensajera / vengo con un mensaje (...) escucha mis palabras/ que sean tu estandarte".* Juanas de Arco que se adueñan de su propia hoguera: *aprieta sus entrañas líquidas / pero salen cabellos de fuego (...) / y quiere correr (...) el árbol eterno tronco viajero,* para poder morir y renacer.

Arco que también es la posibilidad de la "trascendencia", palabra que es lanzada superando a la muerte desde el leño en llamas. Pero primero deberá beber, pues no hay vida sin la presencia del agua. El agua misma simboliza la vida, que nutre el

leño para que se vuelva poesía, y como dice al final, poder alcanzar el Paraíso: *Me uno a esta estaca que abrasa (…) / siento
la agonía del árbol que me eleva (…) / mañana estaremos en
el paraíso.*

PROFESORA SILVIA MARTÍNEZ CORONEL

Jeanne d'Arc

Juana de Arco me ha venido a buscar
salvo el poema todo es tan trivial
como el fuego cuando quema tus alas
como tus alas cuando huyen del fuego

Juana de Arco me ha venido a buscar
salvo el poema todo es tan fugaz
como el aire cuando aviva tu aliento
como tu aliento cuando agita el aire

Juana de Arco me ha venido a buscar
salvo el poema todo es tan liviano
como tu alma cuando flota en tu cuerpo
como tu cuerpo cuando suelta tu alma

COMIENZOS

aprieta sus entrañas líquidas
pero salen cabellos de fuego
todas sus fibras se mueven
todos sus trozos se agitan
se conmueven sus raíces
y quiere correr
no ser el elegido
pero el amor disuelve su savia
el árbol eterno tronco viajero

Llamaradas

y las llamas consumen
su cuerpo lentamente
naranjas moscardones
del destino esperado

el cielo es apacible
y el invierno es severo
el verano es caliente
y el infierno es helado

y las llamas consumen
su cuerpo lentamente
fogosos abejorros
del destino premiado

el cielo es agradable
y el invierno es difícil
el verano es caldeado
y el infierno es glacial

y las llamas consumen
su cuerpo lentamente
llamaradas de insectos
del destino soñado

Batallas (testimonio)

soy hombre en batalla
y mujer en la casa
mi pelo es corto
y no llevo más falda
visto armadura
con lanza y adarga
peleo a muerte
a capa y espada
presiento mi destino
de fuego y luces
y vislumbro la plaza
llena de voces
lo digo
en mi hora efímera
mi relación
más carnal fue invisible
las voces me lo han dicho
que solo un año tengo
para entrar en combate
y luchar en la greda
voy a salvar esta tierra
voy a ganar la cruzada
aunque yo solo sea
hombre en batalla
y mujer en la casa

Juana la Doncella (declaración)

me dicen la doncella
me dicen mensajera
yo llevo varios nombres
elige el que tú quieras

provengo de un lugar
que suena a do re mi
pero la música es de
antes que yo naciera

me dicen la doncella
me dicen mensajera
yo no soy ningún ángel
tampoco una hechicera

provengo de un lugar
muy poco musical
pero siempre escuché
la música del alma

me dicen la doncella
me dicen mensajera
yo llevo varios nombres
elige el que tú quieras

Soy la mensajera (exhortación)

yo soy la mensajera
vengo con un mensaje
las voces me lo han dicho
y no llevo disfraces

yo soy la mensajera
vengo con un mensaje
pero si no lo escuchas
tu juicio será grave

yo soy la mensajera
vengo con un mensaje
escucha mis palabras
que sean tu estandarte

PROSA DE LOS OJOS (TRIBULACIÓN)

despierto cada mañana
con los ojos bien cerrados
es como si con escarcha
estuvieran bien cosidos

no los puedo abrir
hasta que el hielo derrite
el sol y la liquidez
del agua empapa mis párpados

despierto cada mañana
con los ojos bien cosidos
como si con hilo y aguja
estuvieran bien pegados

no los puedo abrir
hasta que el hielo derrite
el sol y la liquidez
del agua empapa mis párpados

despierto cada mañana
con los ojos bien pegados
como si con goma arábiga
estuvieran bien soldados

no los puedo abrir
hasta que el hielo derrite
el sol y la liquidez
del agua empapa mis párpados

despierto cada mañana
con los ojos bien soldados
como si con frío acero
estuvieran bien unidos

MALES DE LA ENFERMEDAD (CONFESIONES)

el mal de las flores
me rodea el cráneo
como una corona
de duras espinas

todos me han
dicho lo mismo
que no hay cura alguna
para estos males
del alma

el mal de las flores
me rodea el cerebro
como un corolario
muy espinoso

todos me han
dicho por igual
que no hay cura alguna
para tan grande
y doliente mal

encuentro en el viento
todas las imágenes
suben por el panal
los ungüentos de mi pena
me acarician los sabores de la brisa
para cantar solo hacen falta
voz y palabras
y yo tengo en la garganta
las visiones que me entonan
encuentro en el viento
todas las imágenes
entran en la colmena
las abejas de mi llanto
me transportan los aromas de las flores
para cantar solo hacen falta
dolor y guitarra
y yo tengo en la garganta
las visiones que me entonan

En busca del cuerpo perdido (pedido)

mi cuerpo hoy se ha marchado lejos
no lo encuentro lo he buscado
en el armario y bajo la cama
lo he buscado dentro de la cómoda
y detrás de las cortinas
lo he buscado en el baúl
y entre mantas y sábanas
mi cuerpo hoy ha desaparecido
no lo encuentro lo he buscado
bajo las piedras y en las macetas
lo he buscado detrás de los árboles
y en los arbustos lo he buscado
en el bosque y bajo las estrellas
pero mi cuerpo hoy se ha escondido
no lo encuentro lo he buscado a través
del espejo y en la madriguera
lo he buscado en el juego de naipes
y dentro de la tetera
lo he buscado en las pastillas blancas
y en la corona de la reina
mi cuerpo se ha ido y no lo encuentro
lo he buscado y lo he buscado y lo he buscado
mi cuerpo hoy se ha marchado lejos
le agradezco a quien lo encuentre
lo devuelva antes del amanecer

Cruces invisibles (cuestiones)

si estoy enferma y no vienes
me quedaré quieta
entre mis bacterias y gérmenes
me hundiré en mi colchón
sin perspectiva de verte aparecer
como un insecto que se roba la flor
pero yo soy la que se roba
la luz de la luciérnaga
si me imagino tu cuerpo
lo veo atravesado de caminos
hay uno que me lleva
hasta la entrada de tu pulso
si estoy en el linde
como un animal en su madriguera
no muy segura de si salir
o quedarme en mi escondite
de minerales y piedras
de hojas y corteza
de viento y aire
de si salir
o quedarme en mi cuerpo
donde me escondo
donde escondo mi cuerpo
donde se esconde mi cuerpo de mí
en los cruces invisibles estoy
de raíces, savia y tiempo

Piel detrás del traje (arrebato)

tenemos piel detrás del traje
piel de fruto en caída
piel de analfabetos del ritual
piel de soldado de la melancolía
piel de mariposa anodina
piel de aprendiz en trovar

VIENTO

el viento paladea las fibras
que se enroscan en tu pelo
hay plantas con sabores extraños
mastico lentamente un trozo
de pan enmohecido
aún el viento tiembla
en las raíces de los árboles
son palabras entrelazadas
viento similar a ningún otro
la tierra se devora a sí misma
los insectos se arrancan las costras
las plantas se quiebran los tallos
el mundo se ha terminado

Agua solitaria (pasión)

las imágenes de los nenúfares
no alcanzan tampoco me sirven
los juncos aceitosos del arroyo
no entiendo cómo los peces
no se ahogan de amor
ni por qué los vagidos del viento
no destruyen cada insecto a su paso
no me explico cómo tanta humedad
compartida no desmorona
la cercanía de los gusanos
si pudiera introducir mis dedos
en la corola de la flor cuidando
su minúsculo polen amarillo
si pudiera escarbar a fondo el árbol
hasta llegar a sus raíces puras
sin beberme su agua solitaria
no alcanzan las imágenes
de los nenúfares como tampoco
los juncos aceitosos del arroyo

PODAR (ÉXTASIS)

no me han podado
aún no
no me han podado
aún no
crezco y crezco
arbusto desmesurado
mis brotes crecen sin orden
crezco y crezco
arbusto desmesurado
no me han podado
aún no
no me han podado
aún no

SURCOS INESPERADOS (REVELACIÓN)

me uno a esta estaca que abrasa
siento el pulso del árbol que me penetra
desde la cabeza hasta los pies siento
la vibración del árbol que me llena de
surcos inesperados
siento la agonía del árbol que me eleva
de mi propio sucumbir cierro los ojos
y me quemo y me quemo y me quemo
mañana estaremos en el paraíso

PARA BÁLSAMO DE RUISEÑORES

(2021)

No pido disculpas por volar

La obra de Paula Einöder es el largo camino de una novel pero experiente poeta, que escribe con la misma necesidad vital con que respira. Allí donde la extensa ruta de la poesía se cruza con la realidad, *no pido disculpas por volar*, nos dice la voz lírica que se desprende de estos textos, intentando compartir esa capacidad de despegue, esa *canción vertical de horizontes*.

Pero la originalidad de este nuevo poemario de Einöder no se apoya de modo exclusivo en su versificación ni en su rico vocabulario, sino en la actitud con que los textos van armonizando nuestro tiempo con lo universal. Desde ese lugar, surge un acento original, diáfano, musical y profundamente concreto, donde la palabra, intuitiva y estratégicamente ubicada, parece sumergirse en una hondura calma y difícil de medir.

El valor del discurso y la forma labrada sobre el núcleo del mensaje, dirigido sobre la humanidad y su destino, cobran fuerza a medida que nos internamos en **Para bálsamo de ruiseñores**. En ese entorno, lo metapoético salta con rapidez: "si la canción no es de nadie /entonces será mía", y es allí, en ese hacerse cargo del texto, donde venciendo una tentación recurrente, Paula Einöder trasciende la palabra en referencia exclusiva a lo literario. Desde su reconocido oficio, la poeta conoce los peligros de explicar el bosque.

Por ese motivo, para salirse de sus muros, de los muros humanos, de nuestros muros, la voz representada por la autora desconfía sanamente de la línea recta como camino poético. Sabe de una mirada que recrea lo cotidiano, sacudiendo todas las cegueras que esto conlleva. Aquella máxima medieval, que sostenía que era necesario vivir antes de filosofar, parece ser una de las piedras fundamentales de la poesía de Einöder.

La naturaleza intrínseca del dolor y del placer, hemisferios de un mismo rostro, algo que conocen por experiencia propia los seres humanos, constituye la base de una expresión poética que apela a la economía de lenguaje, a un pensamiento preciso, utilizando para ello una poesía que decide creer en sí misma, al punto de animarse a decirlo todo. Bienvenido, entonces, este "bálsamo", para seguir disfrutando la obra de quien tal vez sea la más importante poeta joven de nuestro país.

GUSTAVO ESMORIS

ODA AL ARABESCO

cardumen de pájaros
en vuelo acuático
enjambre de epitelio
a nado sincronizado
buscan el huevo en la oda al arabesco
yo misma me transformo
en bosque de bajo fondo
yo también me arranco escamas
a velocidad crucero
yo sola me arrojo plumas
de anzuelo en picada
entonces escucho el canto sin fin
en esta argamasa latente
y compruebo cómo arder
en agua muerta trae aire vivo
para bálsamo de ruiseñores

Arte poética

destilar gota a gota
el oloroso aceite de la mirra
pasar el áspero idioma
por el alambique del fuego
hacer puntería
en la diana del destino
trenzarse a golpes
con los hilos de las tres hilanderas
para que se decante
para que recite afilado afinado
en el borde del canto
en la visceral savia del decir
desanudando el tronco de las ramas
la raíz de la copa
tanteando el territorio
para que hable el hada
para no dormir al compás del huso
tela que me zurce y descose entre bastidores

HADAL

fatiga crónica
de párpados deshojados
perdí el buque en cubierta
me puse la escafandra invisible
no hay luz en los hadales
cabizbaja buceé
tragándome toda el agua
la rosa no es una rosa
no es una rosa
no es una rosa
si ahogo mis ojos de muerte submarina
y desaparezco completamente
por los tubos de desagüe
que me llevan a la caída sin fin
de un mágico hasta dónde

LARVAS

pondré las larvas en remojo
para que piensen un poco
las mariposas en lo que fueron
no mancillaré los cuartos de penumbra
la oscuridad de la crisálida
nonata me ampara
dibujaré en las barbas del árbol
mi cuerpo hecho de imágenes
cualquier semejanza
es pura coincidencia
paisaje de ensueño
movimiento rápido de ojos
fuga onírica
rapsodia del silencio
pondré las larvas en remojo
para que piensen un poco
las mariposas en lo que fueron

Desembocadura de tajo

jirafa de alturas umbilicales
átame al cuello esta cuerda
así te veo mejor
salen animales de mi arca
pero todos van solos
a caer al mar
déjame que me ahogue
con el aire del agua
placentera asfixia de flotar
suelta ya esos pájaros de veletas
que no se puede medir
el viento con el vuelo
las alas son de hule
cuando se derrite
el ulular felino de la brisa
corta ya el cordón
así nacemos
oficio del poeta
dejar de bruñir el metal para que brille
el hueco de la luz oculta
loco globo del ánima
pesada flor de helio
en desembocadura de tajo sin final

MERCATOR

yo soy mi peor laberinto
madeja de Dédalo enmarañada
tela de araña puesta en abismo
señor de los péndulos horizontales
ven a buscarme en donde todos
los puntos son equidistantes
sácame la brújula de los vientos
empápame de lucidez lúgubre
entretanto me abro camino
a través de esta soga desmembrada
que elucubra sones y olvidos
en la puerta sin esperanza
de un fauno que olvidó el hilo

POR NO JUGAR

este letrado insomnio
este universo letrado
donde mojo mi inconsciente en agua de flores
el río no se baña dos veces en la misma agua
encontrados sin habernos perdido
el averno tiene un no sé qué infernal
el este del edén no es este paraíso
coordenadas para un nolugar
quizás cada letra tenga un color
cada color una letra
alfabeto para escribir
las lecturas del ánima
el salto no es necesario para caer
subimos montañas abisales
en mares de cal y canto
una tirada de azar
no abolirá los dados

SUPERNOVA

soy una bolsa nodriza
me subo a la nave de agua
paseo por el único espacio eterno
el tiempo vino a quedarse
soy flor de esta ánfora
supernova de diamante
junto a los árboles donde broto
te veo dentro de la filigrana
soy ruedo de cantos
piedras para salir a flote
si fuera posible roerme de sépalos
en instante de ciclamen encendido
soy ardiente nervadura
cáliz sensitivo de encuentros
navío de insectos me atraviesan
no pido disculpas por volar

alquimista de barro alfabético
alfarero de metal órfico
la lira de versos convierte
en pájaros las cuerdas
en isla admirada sueños intempestivos
el tesoro empieza en los ojos
electrónica Electra de las maravillas
tubo opalescente
caníbales de la lengua
devoradores de la madeja
en árbol de letras
cada rama agita el piélago empalabrado
de barcos escribidores
transeúntes del mal sentido
el poema o no el poema
esa es la canción

Estómago del laberinto

y solo así sabrás lo que es meterse
en el estómago del laberinto
quitarte el arnés en esta argamasa
aparejar el tinglado de exequias
profundizar tus escamas de bestia
desde lo hondo del túnel
solo queda este trazado obsoleto
pero nunca la cuerda de manjares
jamás las migajas del filamento
tampoco el circunloquio
en malla de molino
ni apalabrando tierra
se crean los surcos del verbo anclado
finisterre en las sílabas
pellejo de estrofas en cinta aislante
el poema cumple su sed de coplas
astillero de barcos peregrinos
varado en vientre sin escapatoria
no saldrás de esta manivela oscura
penoso desvarío
el hilo fue devorado en las fauces
del monstruo encapsulado
tieso en el corredor
oblicuo de bisagras
no se desatarán
las membranas ni florecerá el agua
y solo así sabrás lo que es meterse
en el estómago del laberinto

arañar la tierra para que crezcan brotes
en esa herida me entroncaré
con el bosque cansado de pájaros
las palabras no pedirán permiso
el gato con alas tendrá listas las semillas
plantaré los surcos plenos de potencia
pequeña música de una pieza que respira
entonces crecerá el árbol
canción vertical de horizontes

Cuerdas vitales

con pena pero cantando vengo
si la canción no es de nadie
entonces será mía
me la coloco en las cuerdas vitales
para invocar música de glicinas
el canto de los azahares en flor
la pena se desnuda en el pentagrama
tararea las notas del bosque
zumbidos y escamas llenan de infancia
la rayuela donde ruedo
crepúsculo de barco
guitarra de gusanos de seda
admirada isla de náufrago
tejiendo la pena con textura
oruga brota en ovillo
me abarca un pergamino de animal rojo
pandereta en busca del sentido
tristeza de piedra hasta la savia
acabados los atajos tengo el signo
melodías corporales en tanto
con pena pero cantando vengo

Nombre de vida

encuentro que estamos unidos
en el tallo de la existencia
con raíces de barco peregrino
con corola de flor en movimiento
la belleza es terrible cuando se va
y nos deja desnudos de tiempo
vemos a través de ojos de niebla
todo detenido
todo vacío
la muerte vino a darnos
nombre de vida esta noche
mientras tanto soy valiente
la lluvia me asfixia pero respiro

Melodía del aguacero

si pudiera abrazarme a través del espejo
tejer las estatuas de la melancolía
que me descose
subir en la sal del mar los costados
de las olas innombrables
apagarme de luces hasta brillar
en la bóveda del sueño
si pudiera barajarme como cartas del olvido
abrirme paso en la caldera que me baña
agotar los crepúsculos que me llaman
tengo en el ser los relojes del pulso
la flor que se tiñe de cuarzos
voy a habitarme como una casa en ciernes
quizás me encuentres donde siempre estuve
donde jamás las horas nos han dejado de latir
donde el aire es un pájaro de rocío
aprovechemos la melodía del aguacero
y entonces seremos aves de espacio
en clave de nosotros
tocaremos la música de la escritura
cuando menos se lo espera
tanto oído abierto
me hacen susurrar las voces del tiempo
no nos iremos jamás de este bosque de signos
porque somos la madera
que hace versos de iluminada corteza

ONCE

lluvia de endecasílabos de lluvia
porque la lluvia está llena de onces
llueven números de gotas y gotas
de números se llueven en mi pelvis
endecasílabos de lluvia surgen
calan el fondo de mis huesos secos
lluevo muevo mis mares de mar lluevo
mar de sílabas once mares entran
en once sílabas llueve mi pelvis
no seco mi mojado mar de once
sílabas silvas gotas de once huesos

MÉDULA DE PUENTE

en el borde de la noche
se teje el bosque adormilado
quiere que yo lo despierte
en las savias calientes que me convocan
sorbo las raíces
del árbol primigenio
del primer árbol
del árbol caverna
en el nacimiento de los hilos que amamantan
soy toda redondeces
mientras me convierto en alfarera
de arcilla alfabética
escribo en sílabas los sonidos sinuosos
de la arboleda
sinuosas sílabas sonidos sibilantes
construyo los pulsos en médula de puente
en mi febril intento
de dar a luz el tejido
que me desnuda
en vestiduras de versos invisibles
subo profundamente en cáscaras
de naranjas dulcísimas
como la ambrosía de la rosa
musa de las espinas
que rasgan mi pelvis
para que me veas entera y genuina
nacida a partir de tu mirada que irrumpe
en el borde de la noche

ENHEBRAR LA HEBRA

para enhebrar la hebra la hembra
para no perder el punto el surco
para hilar la trama la entraña
para coser la malla la zanja
para hilvanar el tapiz la matriz
para bordar el tejido el suspiro
para tener pronta la costura la fruta
para que te pongas el vestido el paraíso
para lograr la textura la dulzura
para enhebrar la hembra la hebra

MUJER AGRAMATICAL

agujeros negros
colapsados huecos
voy a tientas por las fibras del árbol
que me espera sediento
de savia y sangre fresca
tengo en el hueso la respuesta
moradas las ideas
crepúsculos colados
en lo hondo de mis ojos
ahora puedo dártelo todo
soy la mujer que rompió
la sintaxis de su cuerpo

LADY TITANIC

tengo la maldición del Titanic
y un iceberg en la garganta
me hundo en el hielo del infierno
nunca fue tan helado el fuego
te presto mi barco en trozos
o te doy un pedazo de mi glacial
ser juez y parte
del trayecto que no vuelve
en el viaje más triste
de la nave más loca
soy Lady Titanic
la que nunca se iba a hundir
en sus majestuosos hierros
ahora tengo clavado
el púrpura hastío del náufrago
entre mis cejas de insecto cleptómano
no volveré jamás
a navegar los mares
estaré por siempre ahogada
en el espejo que me atravesó
tengo la tragedia del Titanic
y un iceberg en los ojos
me hundo en el infierno del témpano
nunca fue tan caliente el hielo

Mi versión

La jaula se ha vuelto pájaro

Alejandra Pizarnik

el pájaro se ha vuelto
jaula y no puedo quitar mis pies del piso
estoy anclada sin poder
volar
encerrada en esta prisión de alas
no puedo elevarme ni un
centímetro
y en esta quietud pasmosa soy mi propia
jaula de pájaro

Almuerzo sobre la hierba

almuerzo sobre tu hierba
almuerzo campestre
sobre tus flores viscosas
almuerzo sobre las diagonales
de tu paisaje interior
almuerzo al aire libre
sobre tu arboleda fotográfica
almuerzo desnudo
sobre tu ombligo sin enaguas
almuerzo mágico sobre el mentón
de tus pétalos de azúcar
almuerzo de los rechazados
en el jardín de tu pubis
almuerzo de durezas y blanduras
en las flores de tus labios
almuerzo de pantorrillas enlazadas
en el racimo de uvas
almuerzo de brillo
en tus ojos como duraznos
almuerzo de brazos
en la canasta de frutos y semillas
almuerzo en carne viva
en las raíces de tu vientre
almuerzo de euforias
en los bolsillos de tus nalgas
almuerzo dulce y ambrosiaco
sobre el césped de las delicias
almuerzo vivo en el núcleo caliente
de comidas que saboreamos
almuerzo primordial en las horas

que jamás atardecen en tu pecho
almuerzo definitivo en el choque
de árboles encadenados hasta el hueso

El poema azul

Sobre *Der Blaue Reiter*, de Wassily Kandinski

el poema azul monta a papel blanco
sobre el pasto verde
de la imaginación

hay algo profundo y móvil
cuando el poema azul
deja azules palabras
sombras y espejos
que galopan por las hojas de hierba
de la imaginación

hay algo misterioso y hondo
cuando el poema azul
traza azules palabras
puntos y líneas
sobre praderas sin tiempo ni espacio
de la imaginación

ÍNDICE

La escritura de arcilla (2002) 9
Con una flor en la boca...11
   La escritura de arcilla 15
   Teorema de la rama 16
   Rachmaninov 17
   Transfiguración 19
   Ellas 20
   De aires enhebrados...21
   Región de lo inmediato...22
   You don't know what love is 24
   La entrada 26
   Polifonía 27
   Durmiendo con el poema 28
Árbol experimental (2004) 29
   Árbol-retrato 31
   Diario de una desprevenida 32
   Physis 33
   Tallos...34
   Raíces...35
   De-verde 36
   Poema roto...37
   Alturas 38
   Temperatura 39
   Simbiosis 40
Opacidad (2010) 41
   Frasco de vidrio 43
   Contradicciones 44
   Agua vacía...45
   Tejidos 46
   Mínimos 47
   Oscura felicidad...48
   Dulce y dolorosa espera 49
   Nudo 50
Árbol de arco (baladas) (2020)...51
Siempre fui un árbol / ahora soy la hoguera...53
   Jeanne d'Arc...57
   Comienzos 58

Llamaradas 59
Batallas (testimonio).. 60
Juana la Doncella (declaración) 61
Soy la mensajera (exhortación) 62
Prosa de los ojos (tribulación) 63
Males de la enfermedad (confesiones) 65
Imágenes 66
En busca del cuerpo perdido (pedido) 67
Cruces invisibles (cuestiones) 68
Piel detrás del traje (arrebato) 69
Viento 70
Agua solitaria (pasión) 71
Podar (éxtasis)..72
Surcos inesperados (revelación)...........................73
Para bálsamo de ruiseñores (2021) 75
No pido disculpas por volar 77
Oda al arabesco 79
Arte poética 80
Hadal 81
Larvas 82
Desembocadura de tajo 83
Mercator 84
Por no jugar 85
Supernova 86
Transeúntes del mal sentido 87
Estómago del laberinto 88
Canción vertical de horizontes 89
Cuerdas vitales 90
Nombre de vida 91
Melodía del aguacero 92
Once 93
Médula de puente 94
Enhebrar la hebra 95
Mujer agramatical.. 96
Lady Titanic 97
Mi versión 98
Almuerzo sobre la hierba 99
El poema azul...101

Paula Einöder (Montevideo, 1974) es Licenciada en Letras por la Facultad de Humanidades y Ciencias de la Educación, Universidad de la República, en Uruguay, y profesora de inglés. Ha publicado los siguientes libros: *La escritura de arcilla,* (Ediciones Imaginarias, Montevideo, poesía, 2002), *Árbol experimental* (Artefato, Montevideo, poesía, 2004), *Miranda o el lugar desde donde no se habla: Reflexiones acerca del silencio interpretativo* (Facultad de Humanidades y Ciencias de la Educación, Montevideo, ensayo literario, 2004), *Opacidad* (Editorial La Propia, Montevideo, poesía, 2010), *Árbol de arco (baladas)* (Deletreo Ediciones, Montevideo, poesía, 2020) y *Para bálsamo de ruiseñores* (Yaugurú Editorial, Montevideo, poesía, 2021).

Integra diversas antologías nacionales e internacionales de poesía: *Breve muestra de poesía contemporánea del Río de la Plata,* Selección II (Bianchi Editores, Buenos Aires, 1995), *Antología de poetas jóvenes uruguayos (AG Editores, Montevideo, 2002), Sin fronteras 1 1/2. Pequeña antología de poetas jóvenes uruguayos y paraguayos* (Arandura, Asunción del Paraguay, 2004), *El amplio jardín. Antología de poesía joven de Colombia y Uruguay* (Embajada de Colombia en Uruguay-MEC Uruguay, Montevideo, 2005), *Plata Caribe. Poesía Dominicana, Uruguaya del Siglo XXI* (Universidad del Trabajo del Uruguay, Montevideo, 2008), *El manto de mi virtud. Poesía cubana y uruguaya del siglo XXI* (Instituto cubano del libro-

Ministerio de Relaciones Exteriores de Uruguay, Montevideo, 2011) y *Antología Poética Madrelengua* (Montevideo, 2021). Publicó además el ensayo *Estudio de la obra poética de Clemente Padín*, disponible online. Fue distinguida en los Premios Nacionales de Literatura del MEC, Uruguay, con menciones en Poesía Obra Inédita (2000) y en Poesía Obra Édita (2003), por *La escritura de arcilla*. También fue distinguida en el mismo concurso, categoría Ensayo Literario Inédito (2000), por *Miranda o el lugar desde donde no se habla: Reflexiones acerca del silencio interpretativo*. Su poemario inédito *Melodía para sordos* obtuvo una mención en los Premios Onetti de Literatura 2020, Uruguay. Recientemente, logró una mención en los Premios Nacionales de Literatura 2021 del MEC, en Poesía Obra Édita, por *Árbol de arco (baladas)*.

Ha participado activamente en diversas lecturas. Entre otras: festejo del Día del Libro (Biblioteca Nacional de Uruguay, 2006) y los ciclos literarios Caramelos y Pimientos, Ronda de Poetas, La Pluma Azul y Mundial Poético de Montevideo (2021). También ha sido escritora invitada del Taller de Escritura el Rincón (AGADU, Montevideo, septiembre 2011), coordinado por los escritores Gustavo Esmoris y Fabián Severo.

Fue lectora de español (2002-2005) en la Universidad de Sheffield, Inglaterra. Ha sido traducida al inglés en la publicación digital *Palabras Errantes*, suplemento literario de *Pulsamérica: Latin American News, Politics and Economics* del Reino Unido.

COLECCIÓN
OTRAS ARENAS
POESÍA
EDITORIAL PRIMIGENIOS

EDITORIAL PRIMIGENIOS
CORPUS LÍRICO DE UNA NACIÓN

www.ingramcontent.com/pod-product-compliance
Lightning Source LLC
Chambersburg PA
CBHW071538150726
48000CB00002B/855